Impressum
Verlag: BABADADA GmbH, Nedderfeld 112 , 22529 Hamburg
Geschäftsführer / Verlagsleitung: Harald Hof
Druck: Books on Demand GmbH, In de Tarpen 42, 22848 Norderstedt

Imprint
Publisher: BABADADA GmbH, Nedderfeld 112 , 22529 Hamburg, Germany
Managing Director / Publishing direction: Harald Hof
Print: Books on Demand GmbH, In de Tarpen 42, 22848 Norderstedt

school
სკოლა

classroom
საკლასო ოთახი

divide
გაყოფა

186/2

board
დაფა

school yard
სკოლის ეზო

teacher
მასწავლებელი

paper
ქაღალდი

write
წერა

pen
კალამი

desk
მაგიდა

ruler
სახაზავი

book
წიგნი

pupil
მოსწავლე

satchel

ზურგჩანთა

pencil case

პენალი

pencil

ფანქარი

pencil sharpener

ფანქრების სათლელი

rubber

საშლელი

drawing pad

ნახატების ალბომი

drawing

ნახატი

paintbrush

ფუნჯი

paint box

საღებავის ყუთი

scissors

მაკრატელი

glue

წებო

exercise book

სავარჯიშო რვეული

homework

საშინაო დავალება

number

ნომერი

add

დამატება

subtract

გამოკლება

multiply

გამრავლება

calculate

გამოთვლა

letter

წერილი

alphabet

ანბანი

word

სიტყვა

text

ტექსტი

read

წაკითხვა

chalk

ცარცი

lesson

გაკვეთილი

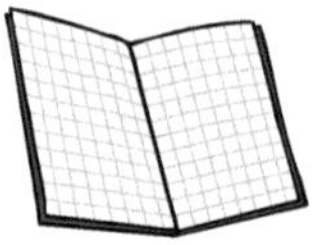

register

რეგისტრაცია

exam

გამოცდა

certificate

სერტიფიკატი

school uniform

სკოლის ფორმა

education

განათლება

encyclopedia

ენციკლოპედია

university

უნივერსიტეტი

microscope

მიკროსკოპი

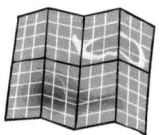

map

რუქა

waste-paper basket

კალათა ნარჩენი ქაღალდებისათვის

hotel
სასტუმრო

Grand

hostel
ჰოსტელი

ROOMS

bureau de change
ვალუტის გადაცვლის პუნქტი

EXCHANGE

car
მანქანა

language

ენა

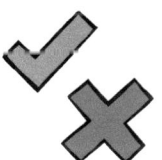

yes / no

კი / არა

Okay

კარგი

hello

გამარჯობა

translator

მთარგმნელი

Thank you

გმადლობთ

how much is...?

რა ღირს... ?

I do not understand

ვერ გავიგე

problem

პრობლემა

Good evening!

აღამო მშვიდობისა!

Good morning!

დილა მშვიდობისა!

Good night!

ღამე მშვიდობისა!

bye bye

ნახვამდის

direction

მიმართულება

luggage

ბარგი

bag

ჩანთა

backpack

ზურგჩანთა

guest

სტუმარი

room

ოთახი

sleeping bag

საძილე ტომარა

tent

კარავი

tourist information

ტურისტული ინფორმაცია

beach

სანაპირო

credit card

საკრედიტო ბარათი

breakfast

საუზმე

lunch

ლანჩი

dinner

ვახშამი

ticket

ბილეთი

lift

ლიფტი

stamp

საფოსტო მარკა

border

საზღვარი

customs

საბაჟო

embassy

საელჩო

visa

ვიზა

passport

პასპორტი

travel - მოგზაურობა

transport
ტრანსპორტი

aeroplane
თვითმფრინავი
ship
გემი
fire engine
სახანძრო მანქანა
truck
სატვირთო მანქანა
bus
ავტობუსი
motorboat
მოტორიზებული ნავი
bike
ველოსიპედი
car
მანქანა

ferry

ბორანი

boat

ნავი

motorbike

მოტოციკლი

police car

პოლიციის მანქანა

racing car

სარბოლო მანქანა

rental car

დაქირავებული მანქანა

car sharing

მანქანის ერთობლივი მოხმარება

breakdown truck

საბუქსირე მანქანა

refuse truck

ნაგვის მანქანა

motor

ძრავა

fuel

საწვავი

petrol station

ბენზინგასამართი სადგური

traffic sign

საგზაო ნიშანი

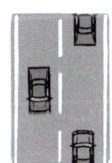

traffic

მოძრაობა

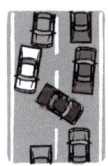

traffic jam

საცობი

car park

მანქანის სადგომი

train station

მატარებლის სადგური

tracks

ლიანდაგები

train

მატარებელი

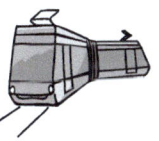

tram

ტრამვაი

carriage

ვაგონი

transport - ტრანსპორტი 9

helicopter

ვერტმფრენი

airport

აეროპორტი

tower

კოშკი

passenger

მგზავრი

container

კონტეინერი

carton

მუყაოს ყუთი

cart

ურიკა

basket

კალათა

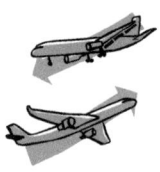

take off / land

აფრენა / დაშვება

city

ქალაქი

village

სოფელი

city centre

ქალაქის ცენტრი

house

სახლი

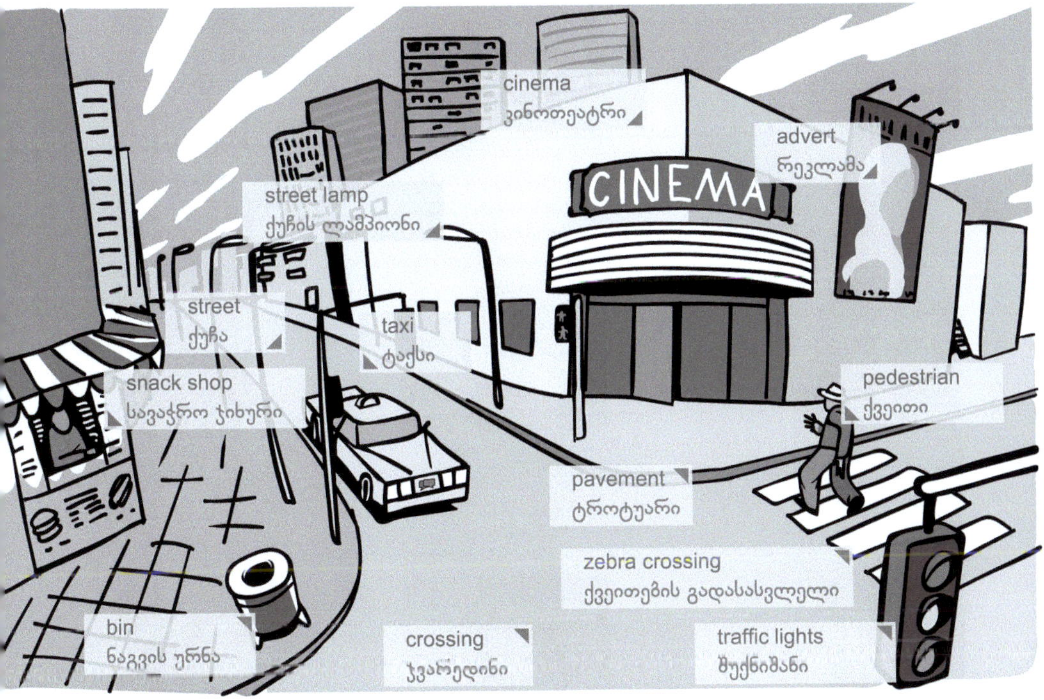

cinema
კინოთეატრი
CINEMA
advert
რეკლამა
street lamp
ქუჩის ლამპიონი
street
ქუჩა
taxi
ტაქსი
snack shop
სავაჭრო ჯიხური
pedestrian
ქვეითი
pavement
ტროტუარი
zebra crossing
ქვეითების გადასასვლელი
bin
ნაგვის ურნა
crossing
ჯვარედინი
traffic lights
შუქნიშანი

hut

ქოხი

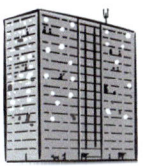

flat

ბინა

train station

მატარებლის სადგური

town hall

მუნიციპალიტეტი

museum

მუზეუმი

school

სკოლა

university

უნივერსიტეტი

bank

ბანკი

hospital

საავადმყოფო

hotel

სასტუმრო

pharmacy

აფთიაქი

office

ოფისი

book shop

წიგნების მაღაზია

shop

მაღაზია

florist's

ფლორისტი

supermarket

სუპერმარკეტი

market

ბაზარი

department store

მაღაზიის განყოფილება

fishmonger's

თევზის გამყიდველი

shopping centre

სავაჭრო ცენტრი

harbour

ნავსადგომი

park

პარკი

bench

გრძელი სკამი

bridge

ხიდი

stairs

კიბეები

underground

მიწისქვეშა გადასასვლელი

tunnel

გვირაბი

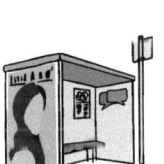

bus stop

ავტობუსის გაჩერება

bar

ბარი

restaurant

რესტორანი

postbox

საფოსტო ყუთი

street sign

ქუჩის ნიშანი

parking meter

პარკინგის საზომი

zoo

ზოოპარკი

swimming pool

საცურაო აუზი

mosque

მეჩეთი

farm

ფერმა

pollution

გარემოს დაბინძურება

graveyard

სასაფლაო

church

ეკლესია

playground

საბავშვო მოედანი

temple

ტაძარი

landscape

ლანდშაფტი

signpost
გზის მანიშნებელი ნიშანი
way
გზა
meadow
მდელო
stone
ქვა
hiker
მოგზაური
tree
ხე
river
მდინარე
grass
ბალახი
flower
ყვავილი

valley

ხეობა

hill

გორაკი

lake

ტბა

forest

ტყე

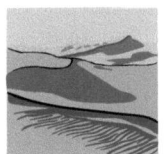

desert

უდაბნო

volcano

ვულკანი

castle

ციხე

rainbow

ცისარტყელა

mushroom

სოკო

palm tree

პალმა

mosquito

კოღო

fly

ბუზი

ant

ჭიანჭველა

bee

ფუტკარი

spider

ობობა

beetle

ხოჭო

frog

ბაყაყი

squirrel

ციყვი

hedgehog

ზღარბი

hare

კურდღელი

owl

ბუ

bird

ფრინველი

swan

გედი

boar

ტახი

deer

ირემი

moose

ცხენ-ირემი

dam

კაშხალი

wind turbine

ქარის ტურბინა

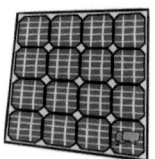

solar panel

მზის ბატარეა

climate

კლიმატი

restaurant
რესტორანი

waiter
მიმტანი
menu
მენიუ
chair
სკამი
soup
სუპი
pizza
პიცა
tablecloth
მაგიდაზე გადასაფარებელი
cutlery
დანა-ჩანგალი

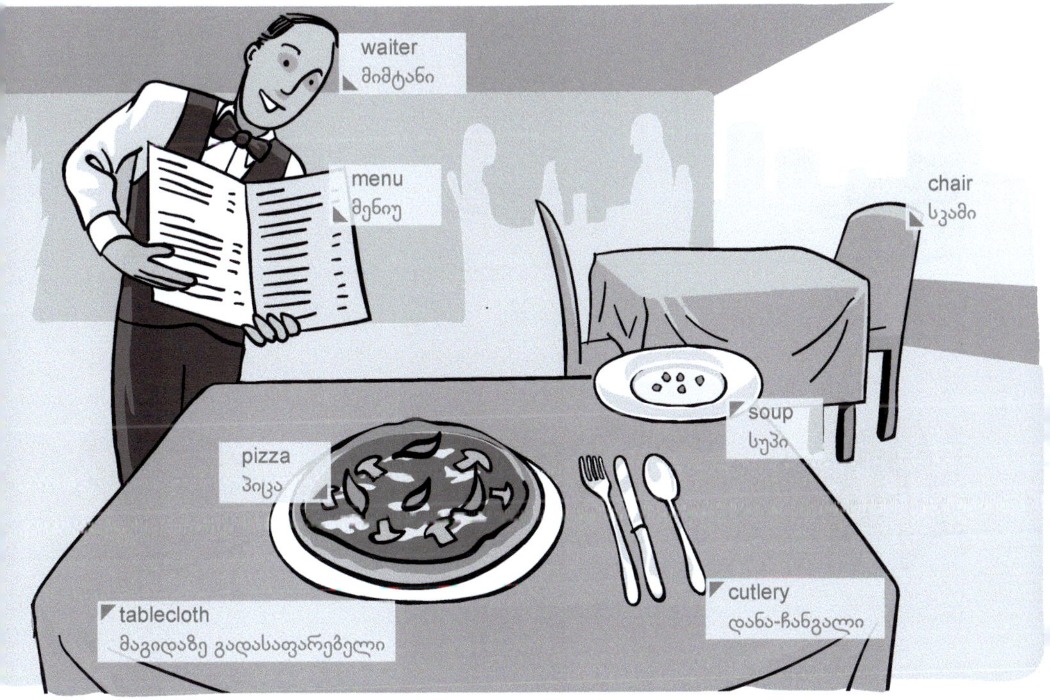

starter
საუზმე

main course
მთავარი კერძი

dessert
დესერტი

drinks
დასალევი

food
საჭმელი

bottle
ბოთლი

fast food

სწრაფი კვება

street food

ქუჩის საჭმელი

teapot

ჩაიდანი

sugar bowl

საშაქრე

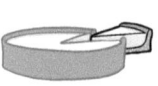

portion

პორცია

espresso machine

ესპრესოს მანქანა

high chair

მაღალი სკამი

bill

ანგარიში

tray

ლანგარი

knife

დანა

fork

ჩანგალი

spoon

კოვზი

teaspoon

ჩაის კოვზი

serviette

ხელსახოცი

glass

ჭიქა

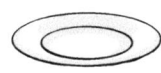

plate

თეფში

soup plate

სუპის თეფში

saucer

ჩაის ლამბაქი

sauce

საწებელი

salt pot

სამარილე

pepper mill

წიწაკის საფქვავი

vinegar

ძმარი

oil

ზეთი

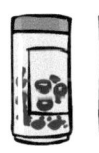

spices

სანელებლები

ketchup

კეტჩუპი

mustard

მდოგვი

mayonnaise

მაიონეზი

supermarket
სუპერმარკეტი

special offer
სპეციალური შეთავაზება
customer
მომხმარებელი
dairy
რძის ნაწარმი
fruit
ხილი
trolley
ურიკა
FOR

butcher´s
საყასბო

baker´s
საცხობი

weigh
აწონვა

vegetables
ბოსტნეული

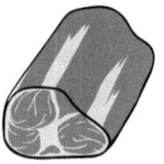

meat
ხორცი

frozen food
გაყინული საკვები

cold meat

გრილი ხორცი

tinned food

კონსერვები

washing powder

სარეცხი ფხვნილი

sweets

ტკბილეული

household products

საყოფაცხოვრებო
პროდუქტები

cleaning products

სარეცხი საშუალებები

salesperson

გამყიდველი

till

სალარო

cashier

მოლარე

shopping list

საყიდლების სია

opening hours

მუშაობის საათები

wallet

პორტმანი

credit card

საკრედიტო ბარათი

bag

ჩანთა

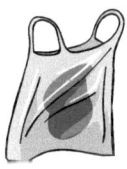

plastic bag

პლასტიკური პარკი

water

წყალი

juice

წვენი

milk

რძე

coke

კოკა-კოლა

wine

ღვინო

beer

ლუდი

alcohol

ალკოჰოლი

cocoa

კაკაო

tea

ჩაი

coffee

ყავა

espresso

ესპრესო

cappuccino

კაპუჩინო

banana

ბანანი

apple

ვაშლი

orange

ფორთოხალი

melon

საზამთრო

lemon

ლიმონი

carrot

სტაფილო

garlic

ნიორი

bamboo

ბამბუკი

onion

ხახვი

mushroom

სოკო

nuts

კაკალი

noodles

ატრია

spaghetti

სპაგეტი

rice

ბრინჯი

salad

სალათი

chips

ჩიპსები

fried potatoes

შემწვარი კარტოფილი

pizza

პიცა

hamburger

ჰამბურგერი

sandwich

სენდვიჩი

cutlet

კოტლეტი

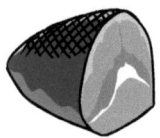

ham

ლორი

salami

სალიამი

sausage

ძეხვი

chicken

წიწილა

roast

შემწვარი ხორცი

fish

თევზი

porridge oats

შვრიის ფაფა

muesli

მუსლი

cornflakes

სიმინდის ფანტელები

flour

ფქვილი

croissant

კრუასანი

bread roll

ბულკი

bread

პური

toast

ტოსტი

biscuits

ნამცხვრები

butter

კარაქი

curd

ხაჭო

cake

ტორტი

egg

კვერცხი

fried egg

ერბო-კვერცხი

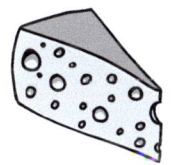

cheese

ყველი

ice cream

ნაყინი

sugar

შაქარი

honey

თაფლი

jam

ჯემი

chocolate spread

შოკოლადის კრემი

curry

კარი

farm
ფერმა

goat

თხა

cow

ძროხა

calf

ხბო

pig

ღორი

piglet

გოჭი

bull

ხარი

goose

ბატი

duck

იხვი

chick

წიწილა

hen

ქათამი

cock

მამალი

rat

ვირთხა

cat

კატა

mouse

თაგვი

ox

ხარი

dog

ძაღლი

doghouse

საძაღლე

garden hose

ბაღის შლანგი

watering can

საბაღე წურწურა

scythe

ცელი

plough

გუთანი

sickle

ნამგალი

hoe

თოხი

pitchfork

პატივის სახვეტი ჩანგალი

axe

ცული

wheelbarrow

მაზიდი

trough

გობი

milk can

რძის ბიდონი

sack

ტომარა

fence

ღობე

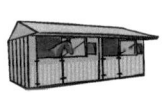

stable

ბოსელი

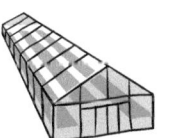

greenhouse

სათბური

soil

ნიადაგი

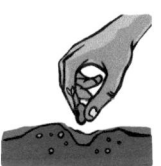

seed

თესლი

fertilizer

სასუქი

combine harvester

მოსავლის ამღები კომბაინი

harvest

მოსავლის აღება

harvest

მოსავალი

yams

იამი

wheat

ხორბალი

soy

სოიო

potato

კარტოფილი

corn

სიმინდი

rapeseed

სარეველას თესლი

fruit tree

ხეხილი

cassava

მანიოკი

cereals

მარცვლეული

farm - ფერმა

house
სახლი

living room

მისაღები ოთახი

bathroom

აბაზანა

kitchen

სამზარეულო

bedroom

საძინებელი

child's room

საბავშვო ოთახი

dining room

სასადილო ოთახი

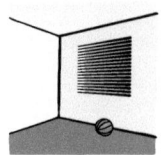

floor

სართული

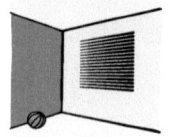

wall

კედელი

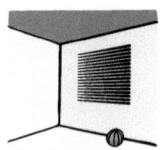

ceiling

ჭერი

cellar

სარდაფი

sauna

საუნა

balcony

აივანი

terrace

ტერასა

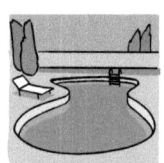

pool

აუზი

lawn mower

გაზონის საკრეჭი

sheet

საბნის კონვერტი

bedspread

საწოლი

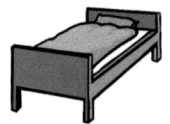

bed

ლოგინი

broom

ცოცხი

bucket

სათლი

switch

გადამრთველი

living room
მისაღები ოთახი

carpet

ხალიჩა

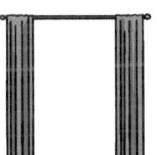

curtain

ფარდა

table

მაგიდა

chair

სკამი

rocking chair

სარწეველა სკამი

armchair

სავარძელი

book

წიგნი

blanket

საბანი

decoration

დეკორაცია

firewood

შეშა

film

ფილმი

hi-fi equipment

hi-fi მოწყობილობები

key

გასაღები

newspaper

გაზეთი

painting

ფერწერა

poster

პლაკატი

radio

რადიო

notepad

ბლოკნოტი

hoover

მტვერსასრუტი

cactus

კაქტუსი

candle

სანთელი

kitchen
სამზარეულო

fridge
მაცივარი
microwave oven
მიკრო-ტალღური
ღუმელი
სამზარეულოს სასწორი
toaster
ტოსტერი
detergent
სარეცხი საშუალება
oven
ღუმელი
freezer
საყინულე
dishwasher
ჭურჭლის სარეცხი მანქანა

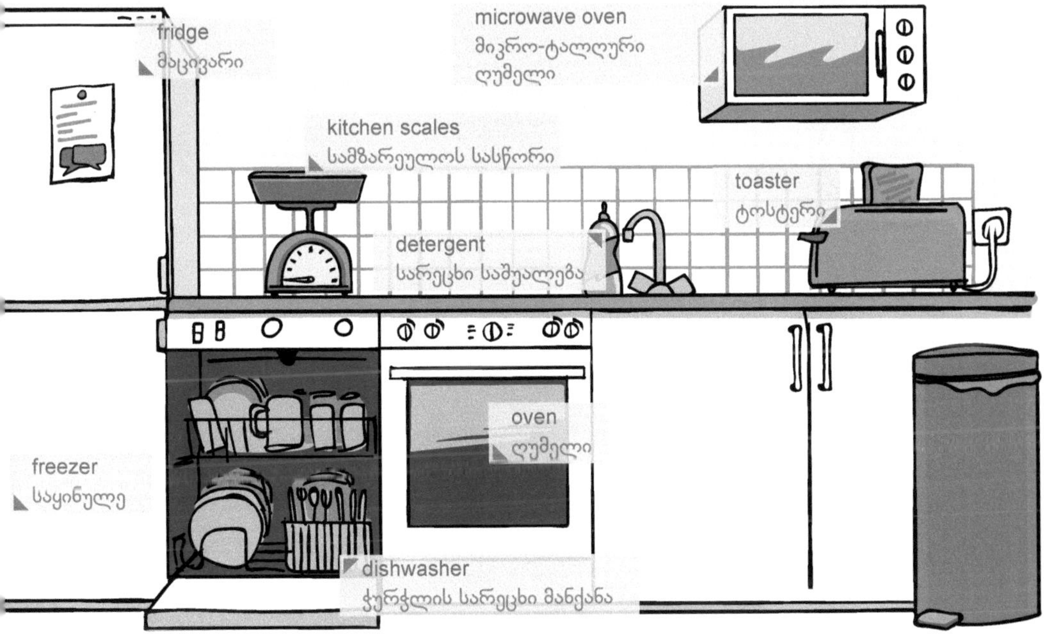

cooker
....
გაზქურა

pot
....
ქოთანი

cast-iron pot
....
თუჯის ქვაბი

wok / kadai
....
ტაფა ამობერილი
ფსკერით

pan
....
ტაფა

kettle
....
ჩაიდანი

steamer

ორთქლსახარში

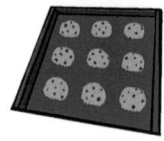

baking tray

საცხობი ლანგარი

crockery

ჭურჭელი

mug

კათხა

bowl

თასი

chopsticks

ჩინური ჩხირები

ladle

ჩამჩა

spatula

ფითხი

whisk

სათქვეფელა

strainer

საწური

sieve

საცერი

grater

სახეხი

mortar

სანაყი

barbecue

გრილი

open fire

კოცონი

chopping board

დაფა

rolling pin

საგორავი

corkscrew

ბურღი

can

ქილა

can opener

ქილის გასახსნელი

pot holder

ქოთნის დამჭერი

sink

ნიჟარა

brush

ფუნჯი

sponge

ღრუბელი

blender

ბლენდერი

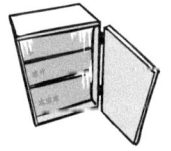

deep freezer

საყინულე კამერა

baby bottle

საბავშვო ბოთლი

tap

ონკანი

bathroom
აბაზანა

heating
გათბობა
towel
პირსახოცი
shower
შხაპი
shower curtain
საშხაპე ფარდა
bubble bath
ღრუბლიანი აბანო
bathtub
ვანა
glass
ჭიქა
washing machine
სარეცხი მანქანა
tap
ონკანი
tiles
ფილები
potty
ღამის ქოთანი
sink
ნიჟარა

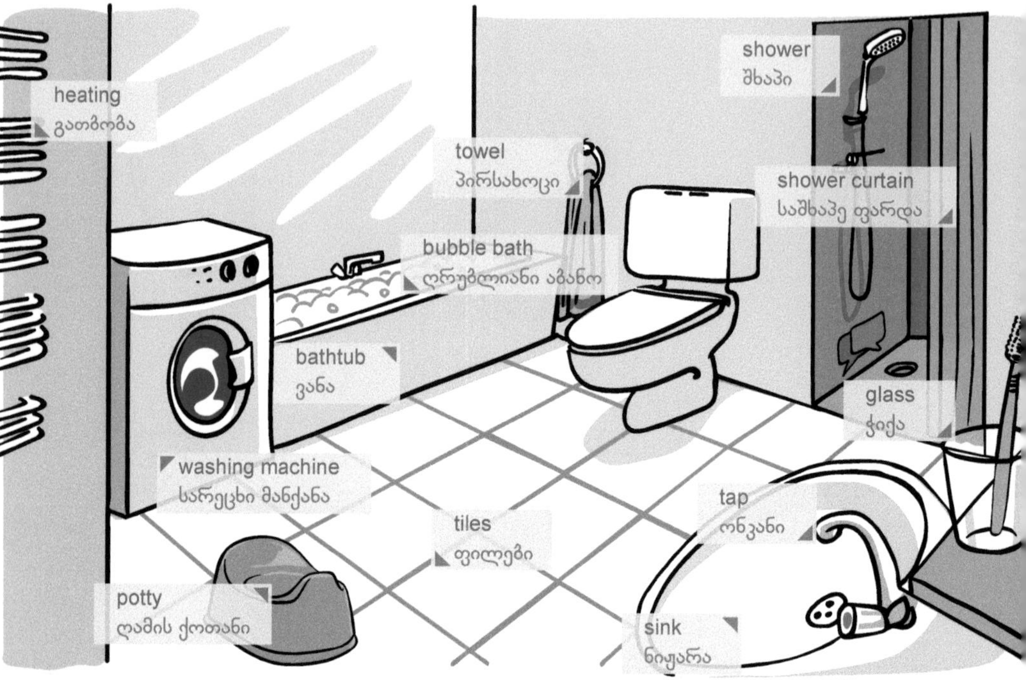

toilet

ტუალეტი

squat toilet

იატაკის ტუალეტი

bidet

ბიდე

urinal

კედლის პისუარი

toilet paper

ტუალეტის ქაღალდი

toilet brush

ტუალეტის ჯაგრისი

toothbrush

კბილის ჯაგრისი

toothpaste

კბილის პასტა

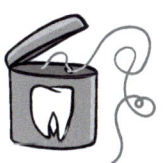

dental floss

კბილის ძაფი

wash

რეცხვა

handheld shower

ხელის შხაპი

douche

ინტიმური შხაპი

basin

ტაშტი

back brush

ზურგის სახეხი ფუნჯი

soap

საპონი

shower gel

შხაპის გელი

shampoo

შამპუნი

flannel

ნეჭა

drain

სანიაღვრე

cream

კრემი

deodorant

დეოდორანტი

mirror

სარკე

hand mirror

ხელის სარკე

razor

ბრიტვა

shaving foam

საპარსი ქაფი

aftershave

საშუალება გაპარსვის შემდეგ

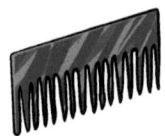

comb

სავარცხელი

brush

ჯაგრისი

hair dryer

თმის საშრობი

hairspray

თმის ლაქი

makeup

კოსმეტიკა

lipstick

ტუჩების პომადა

nail varnish

ფრჩხილის ლაქი

cotton wool

ბამბა

nail scissors

ფრჩხილის მაკრატელი

perfume

სუნამო

washbag

კოსმეტიკის ჩანთა

stool

ტაბურეტი

weighing scale

სასწორი

bathrobe

საააბაზანო ხალათი

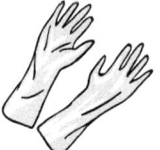

rubber gloves

რეზინის ხელთათმანები

tampon

ტამპონი

sanitary towel

სანიტარული პირსახოცი

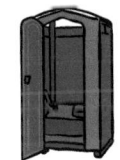

chemical toilet

ბიო-ტუალეტი

child's room
საზავშვო ოთახი

alarm clock
მაღვიძარა
cuddly toy
რბილი სათამაშო
toy car
სათამაშო მანქანა
rattle
ჩხარუნა სათამაშო

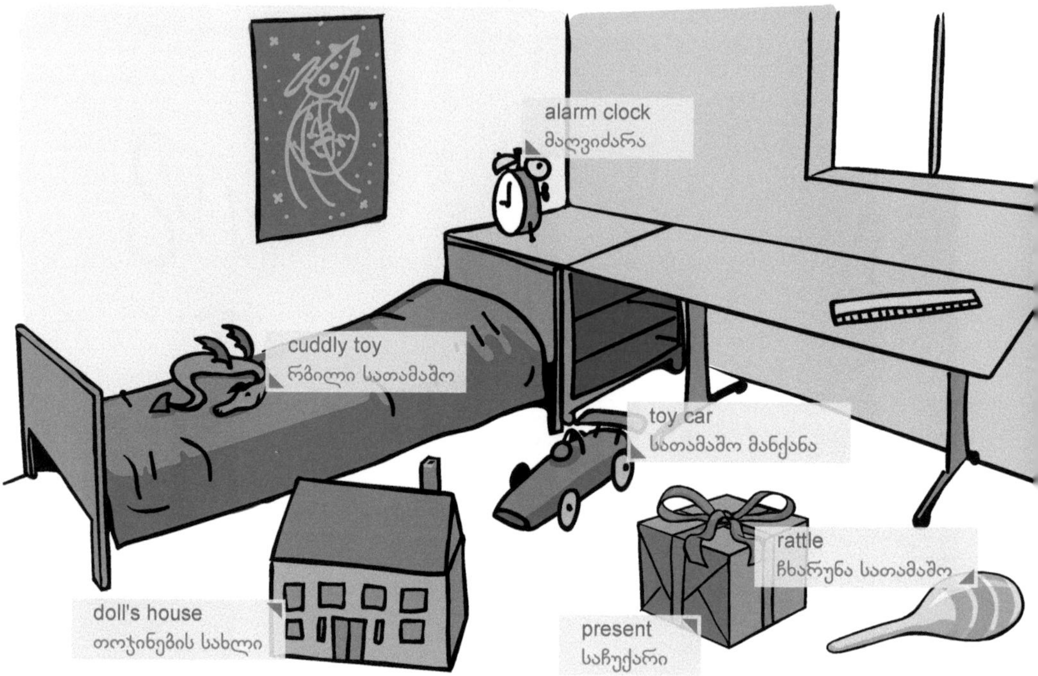

balloon

ბუშტი

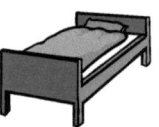

bed

ლოგინი

pram

საბავშვო ეტლი

deck of cards

კარტის თამაში

jigsaw

პაზლი

comic

კომიკსი

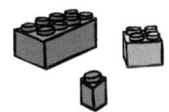

lego bricks

ლეგოს აგურები

building blocks

ასაშენებელი კუბიკები

action figure

სათამაშო ფიგურა

babygrow

საცოცავი

frisbee

ფრისბი

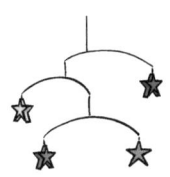

mobile

მობილე

board game

სამაგიდო თამაში

dice

კამათელი

model train set

რკინიგზის მოდელი

dummy

საწოვარა

party

წვეულება

picture book

წიგნი ნახატებით

ball

ბურთი

doll

თოჯინა

play

თამაში

sandpit

საქვიშარი

swing

საქანელა

toys

სათამაშოები

video game console

ვიდეო თამაშის კონსოლი

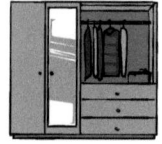

tricycle

სამთვლიანი ველოსიპედი

teddy bear

დათუნია

wardrobe

გარდერობი

clothing

ტანსაცმელი

socks

წინდები

stockings

ჩულქები

tights

კოლგოტები

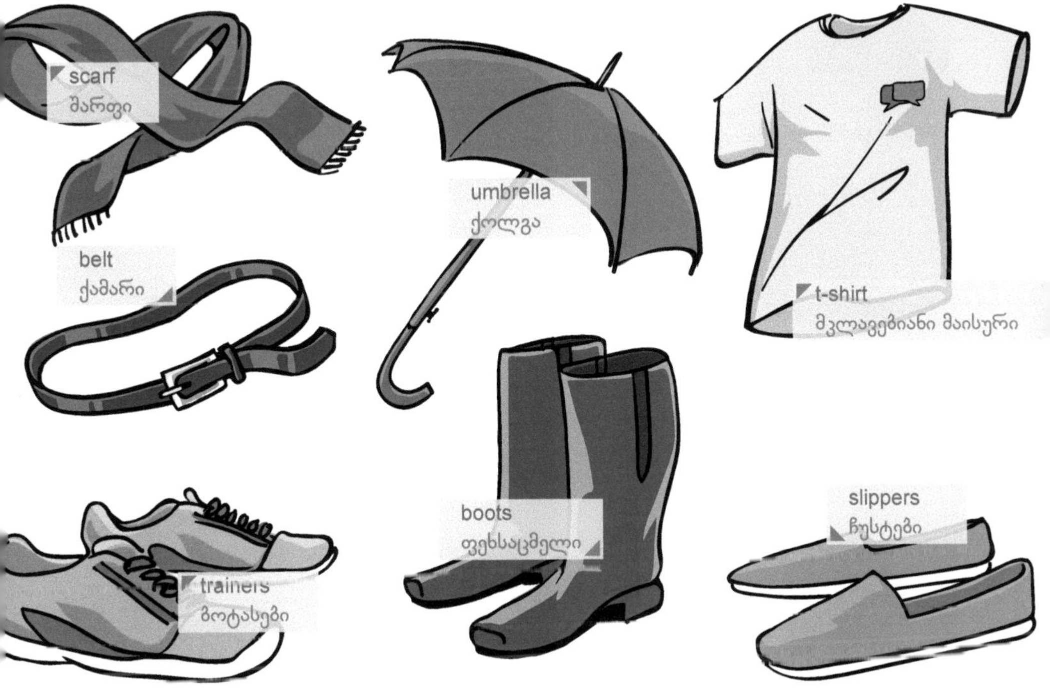

scarf
შარფი

umbrella
ქოლგა

t-shirt
მკლავებიანი მაისური

belt
ქამარი

boots
ფეხსაცმელი

slippers
ჩუსტები

trainers
ბოტასები

sandals
სანდლები

shoes
ფეხსაცმელი

rubber boots
რეზინის ჩექმები

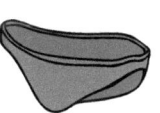

underpants
ტრუსები

bra
ბიუსჰალტერი

vest
მაისური

body

სხეული

trousers

შარვალი

jeans

ჯინსი

skirt

ქვედაკაბა

blouse

ბლუზი

shirt

პერანგი

pullover

სვიტრი

hoodie

კაპიუშონიანი ჟაკეტი

blazer

სპორტული ქურთუკი

jacket

ჟაკეტი

coat

პალტო

raincoat

საწვიმარი

costume

კოსტუმი

dress

კაბა

wedding dress

საქორწილო კაბა

suit

....

კაცის კოსტიუმი

nightgown

....

ღამის პერანგი

pyjamas

....

პიჟამოები

sari

....

სარი

headscarf

....

თავშალი

turban

....

ტურბანი

burqa

....

ჩადრი

kaftan

....

ხიფთანი

abaya

....

აბაია

swimsuit

....

საცურაო კოსტუმი

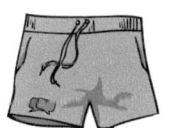

trunks

....

ჩემოდნები

shorts

....

შორტები

tracksuit

....

სპორტული კოსტიუმი

apron

....

წინსაფარი

gloves

....

ხელთათმანები

button

ღილი

glasses

სათვალეები

bracelet

სამაჯური

necklace

ყელსაბამი

ring

ბეჭედი

earring

საყურე

cap

კეპი

coat hanger

საკიდი

hat

ქუდი

tie

ჰალსტუხი

zip

ელვა-შესაკრავის შეკვრა

helmet

ჩაფხუტი

braces

აჭიმი

school uniform

სკოლის ფორმა

uniform

ფორმა

bib

ბავშვის წინსაფარი

dummy

საწოვარა

nappy

პამპერსი

office

ოფისი

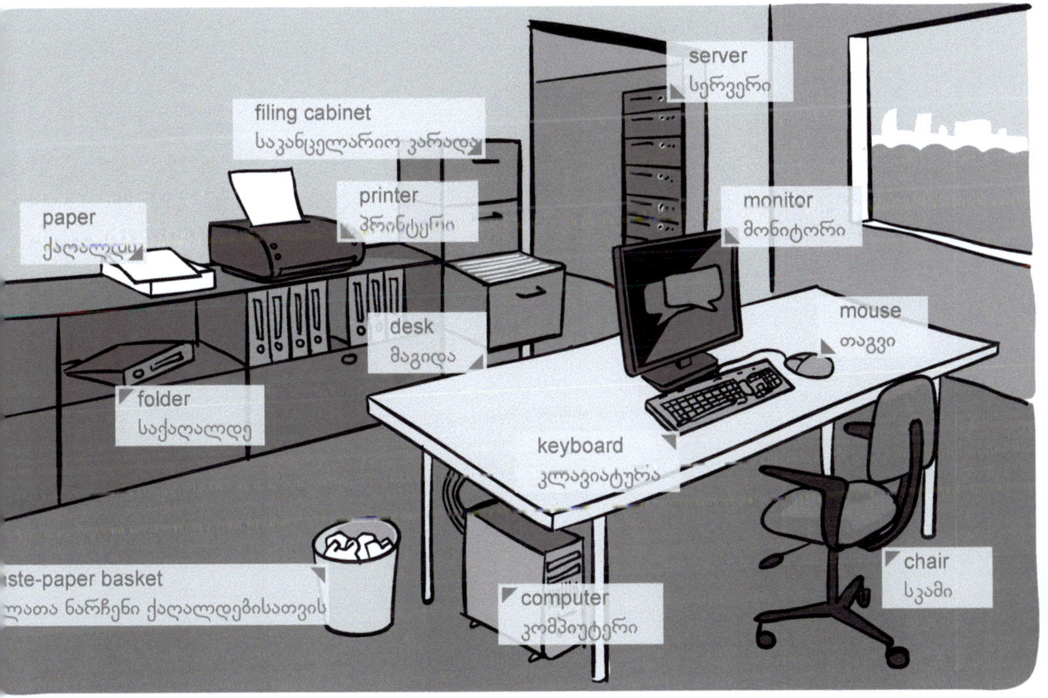

server
სერვერი
filing cabinet
საკანცელარიო კარადა
paper
ქაღალდი
printer
პრინტერი
monitor
მონიტორი
mouse
თაგვი
desk
მაგიდა
folder
საქაღალდე
keyboard
კლავიატურა
ste-paper basket
ლათა ნარჩენი ქაღალდებისათვის
chair
სკამი
computer
კომპიუტერი

coffee mug

ყავის ფინჯანი

calculator

კალკულატორი

internet

ინტერნეტი

laptop
ლეპტოპი

letter
წერილი

message
მესიჯი

mobile
მობილური ტელეფონი

network
ქსელი

photocopier
სკანერი

software
პროგრამული
უზრუნველყოფა

telephone
ტელეფონი

plug socket
როზეტი

fax machine
ფაქსის მანქანა

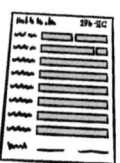

form
ფორმულარი

document
დოკუმენტი

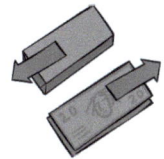

buy

ყიდვა

pay

გადახდა

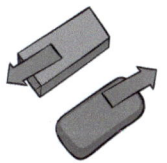

trade

ვაჭრობა

money

ფული

USD

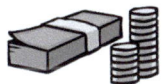

dollar

დოლარი

EUR

euro

ევრო

JPY

yen

იენი

RUB

rouble

რუბლი

CHF

Swiss franc

შვეიცარული ფრანკი

CNY

renminbi yuan

ჟენმინბი იუანი

INR

rupee

რუპი

cashpoint

ბანკომატი

bureau de change

ვალუტის გადაცვლის
პუნქტი

gold

ოქრო

silver

ვერცხლი

oil

ნავთობი

energy

ენერგია

price

ფასი

contract

ხელშეკრულება

tax

გადასახადი

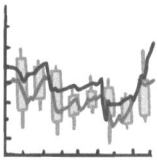

stock

აქცია

work

მუშაობა

employee

თანამშრომელი

employer

დამსაქმებელი

factory

ქარხანა

shop

მაღაზია

occupations
პროფესიები

police officer
პოლიციის ოფიცერი
fireman
მეხანძრე
cook
მზარეული
doctor
ექიმი
pilot
მფრინავი

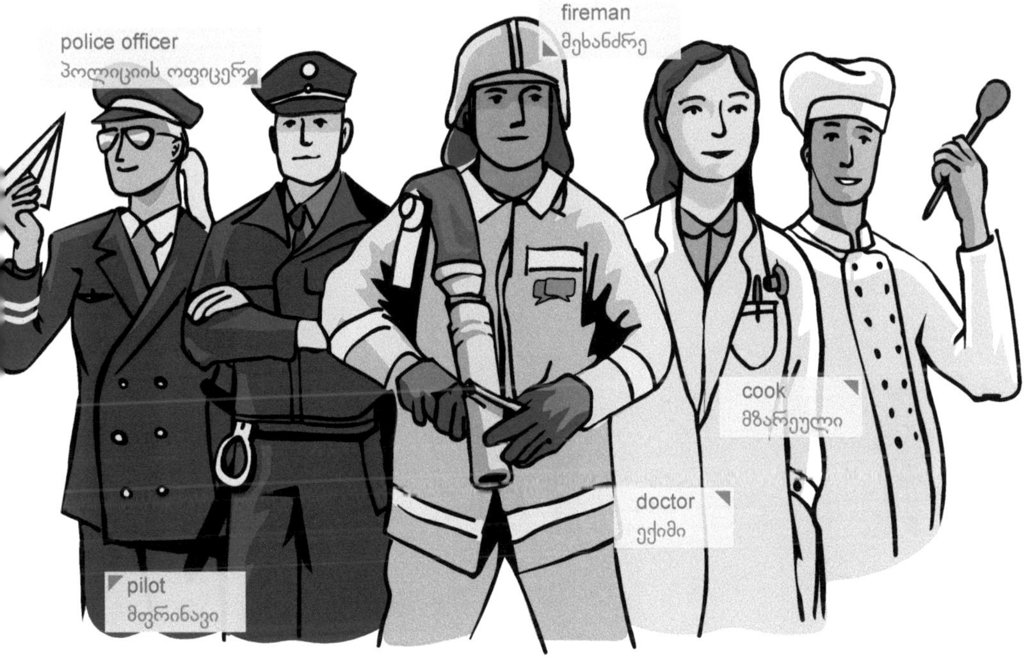

gardener

მებაღე

carpenter

დურგალი

seamstress

თეთრეულის მკერავი ქალბატონი

judge

მოსამართლე

chemist

ქიმიკოსი

actor

მსახიობი

bus driver

ავტობუსის მძღოლი

taxi driver

ტაქსის მძღოლი

fisherman

მეთევზე

cleaning lady

დამლაგებელი ქალბატონი

roofer

სახურავის ოსტატი

waiter

მიმტანი

hunter

მონადირე

painter

ფერმწერი

baker

მცხობელი

electrician

ელექტრიკოსი

builder

მშენებელი

engineer

ინჟინერი

butcher

ყასაბი

plumber

სანტექნიკოსი

postman

ფოსტალიონი

soldier

ჯარისკაცი

architect

არქიტექტორი

cashier

მოლარე

florist

ფლორისტი

hairdresser

პარიკმახერი

conductor

კონდუქტორი

mechanic

მექანიკოსი

captain

კაპიტანი

dentist

სტომატოლოგი

scientist

მეცნიერი

rabbi

რაბინი

imam

იმამი

monk

ბერი

clergyman

სასულიერო პირი

tools
იარაღები

hammer
ჩაქუჩი
pliers
გრტყელტუჩა
screwdriver
სახრახნისი
spanner
ქანჩის გასაღები
torch
ჯიბის სანათი

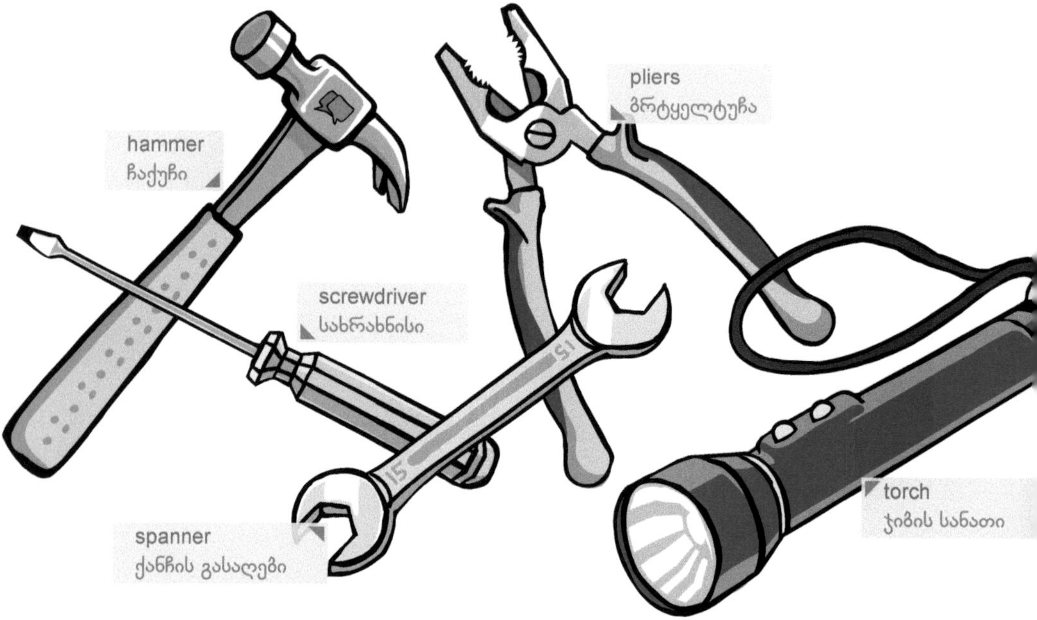

digger

ექსკავატორი

toolbox

იარაღების ყუთი

ladder

კიბე

saw

ხერხი

nails

ლურსმები

drill

საბურღი

repair

შეკეთება

shovel

ნიჩაბი

Damn!

ანდაბა!

dustpan

აქანდაზი

paint pot

საღებავის ქოთანი

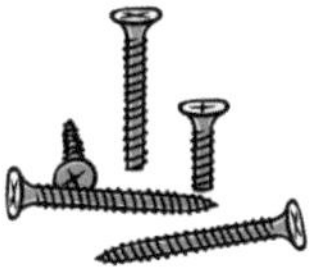

screws

ხრახნები

musical instruments
მუსიკალური ინსტრუმენტები

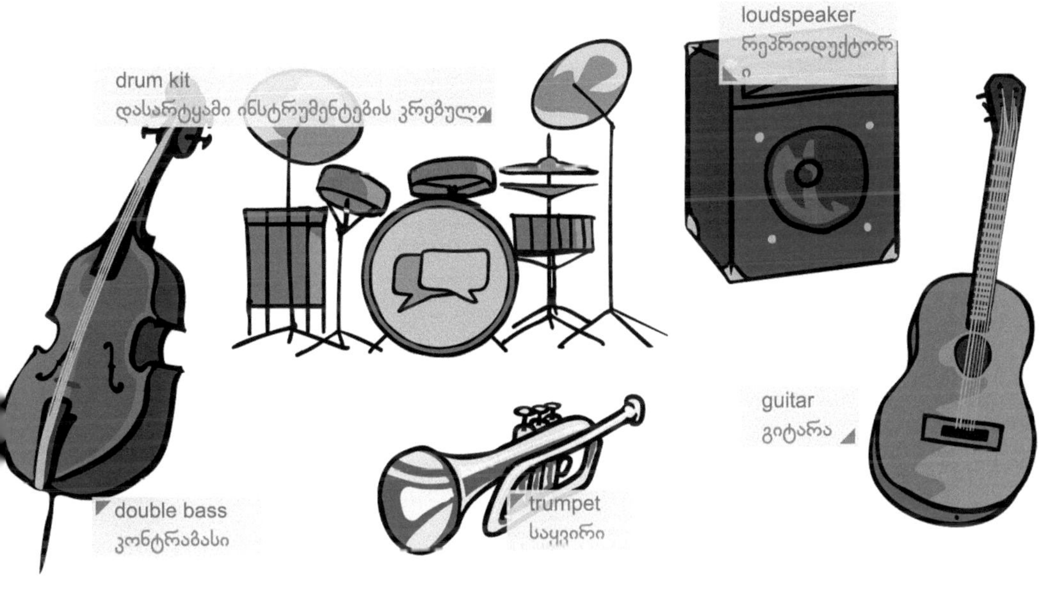

drum kit
დასარტყამი ინსტრუმენტების კრებული
loudspeaker
რეპროდუქტორი
guitar
გიტარა
double bass
კონტრაბასი
trumpet
საყვირი

piano

ფორტეპიანო

violin

ვიოლინო

bass

ბასი

timpani

ტიმპანონი

drums

დასარტყამები

keyboard

კლავიშები

saxophone

საქსოფონი

flute

ფლეიტა

microphone

მიკროფონი

musical instruments - მუსიკალური ინსტრუმენტები

ZOO

ზოოპარკი

entrance
შესასვლელი
tiger
ვეფხვი
cage
გალია
zebra
ზებრა
animal feed
ცხოველთა საკვები
panda
პანდა

animals

ცხოველები

elephant

სპილო

kangaroo

კენგურუ

rhino

მარტორქა

gorilla

გორილა

bear

დათვი

camel

აქლემი

ostrich

სირაქლემა

lion

ლომი

monkey

მაიმუნი

flamingo

ფლამინგო

parrot

თუთიყუში

polar bear

პოლარული დათვი

penguin

პინგვინი

shark

ზვიგენი

peacock

ფარშევანგი

snake

გველი

crocodile

ნიანგი

zookeeper

ზოოპარკის მფლობელი

seal

სელაპი

jaguar

იაგუარი

pony

პონი

leopard

ლეოპარდი

hippo

ბეჰემოტი

giraffe

ჟირაფი

eagle

არწივი

boar

ტახი

fish

თევზი

turtle

კუ

walrus

მორჟი

fox

მელა

gazelle

გაზელი

sports
სპორტი

American football
ამერიკული ფეხბურთი
cycling
ველოსპორტი
tennis
ჩოგბურთი
basketball
კალათბურთი
swimming
ცურვა
boxing
კრივი
ice hockey
ყინულის ჰოკეი

football
ფეხბურთი

badminton
ბადმინტონი

athletics
მძლეოსნობა

handball
ხელბურთი

skiing
სათხილამურო სპორტი

polo
წყლის პოლო

activities
მოქმედებები

laugh
დაცინვა
jump
გადახტომა
hug
ჩახუტება
walk
სეირნობა
sing
სიმღერა
dream
ოცნებობა
pray
ლოცვა
kiss
კოცნა

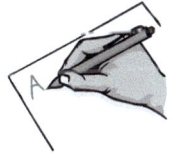

write
წერა

draw
დახატვა

show
ჩვენება

push
დაჭერა

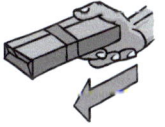

give
მიცემა

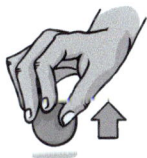

take
აღება

have

ქონა

do

კეთება

be

ყოფნა

stand

დგომა

run

გარბენა

pull

მოქაჩვა

throw

გადაყრა

fall

დაცემა

lie

ტყუილის თქმა

wait

მოცდენა

carry

ტარება

sit

ჯდომა

get dressed

ჩაცმა

sleep

ძილი

wake up

გაღვიძება

look at

დათვალიერება

cry

ტირილი

stroke

გაუთოება

comb

დავარცხნა

talk

ლაპარაკი

understand

გაგება

ask

შეკითხვა

listen

მოსმენა

drink

დალევა

eat

ჭამა

tidy up

დალაგება

love

ყვარება

cook

კერძების მზადება

drive

სვლა

fly

ფრენა

sail

აფრის ქვეშ სიარული

calculate

გამოთვლა

read

წაკითხვა

learn

შესწავლა

work

მუშაობა

marry

ქორწინება

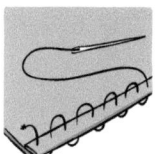

sew

კერვა

brush teeth

კბილების ხეხვა

kill

მოკვლა

smoke

მოწევა

send

გაგზავნა

grandmother
ბებია

grandfather
ბაბუა

father
მამა

mother
დედა

baby
ბავშვი

daughter
ქალიშვილი

son
ვაჟიშვილი

guest

სტუმარი

aunt

დეიდა

uncle

ბიძა

brother

ძმა

sister

და

body

სხეული

forehead
შუბლი
eye
თვალი
face
სახე
chin
ნიკაპი
breast
მკერდი
shoulder
მხარი
finger
თითი
hand
ხელი
leg
ფეხი
arm
მკლავი

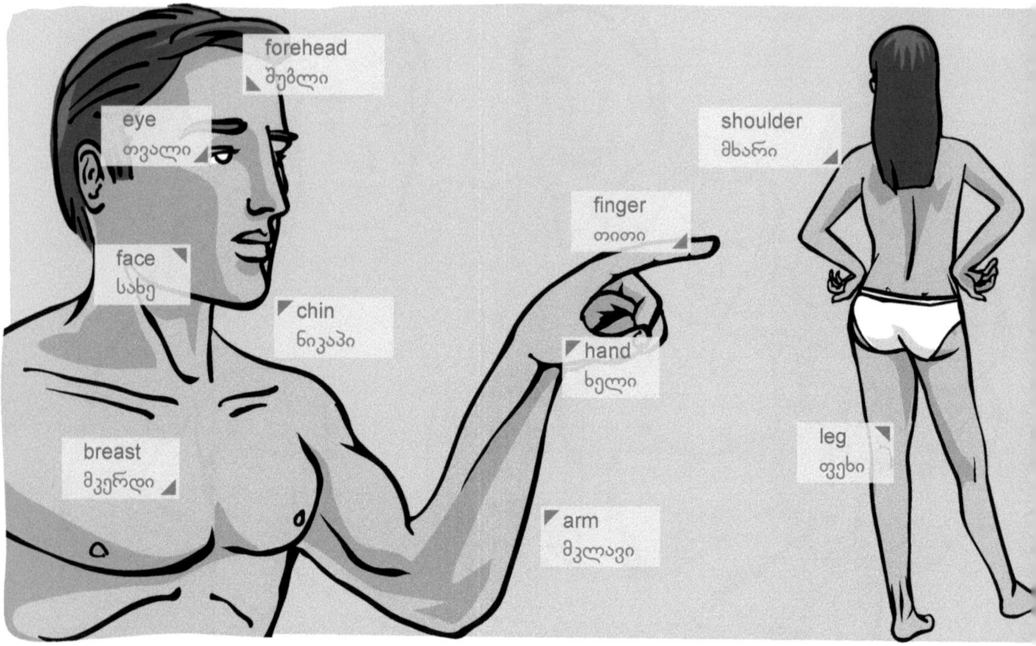

baby

ბავშვი

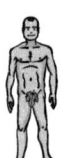

man

კაცი

woman

ქალი

girl

გოგო

boy

ბიჭი

head

თავი

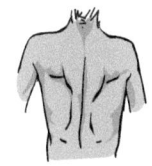

back

ზურგი

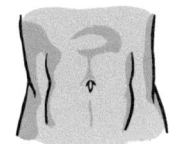

belly

მუცელი

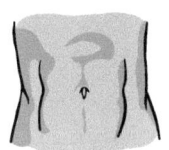

belly button

ჭიპი

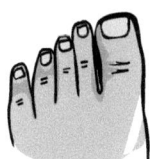

toe

ფეხის თითი

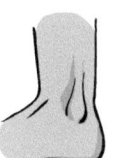

heel

ქუსლი

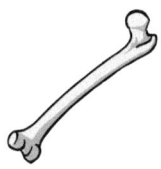

bone

ძვალი

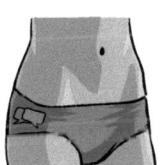

hip

ბარძაყი

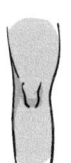

knee

მუხლი

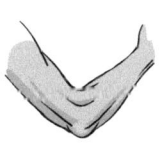

elbow

იდაყვი

nose

ცხვირი

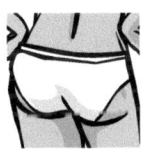

bottom

დუნდულა

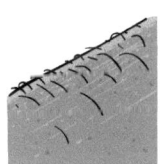

skin

კანი

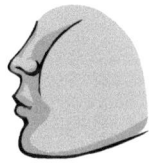

cheek

ლოყა

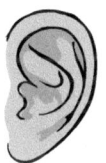

ear

ყური

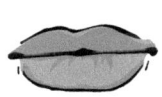

lip

ტუჩი

mouth

პირი

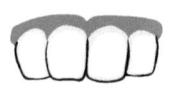

tooth

კბილი

tongue

ენა

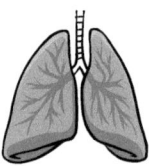

brain

ტვინი

heart

გული

muscle

კუნთი

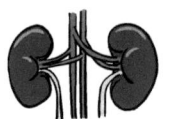

lung

ფილტვი

liver

ღვიძლი

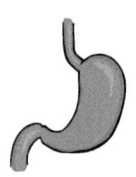

stomach

კუჭი

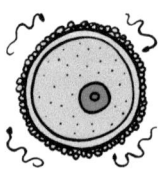

kidneys

თირკმელები

sex

სექსი

condom

პრეზერვატივი

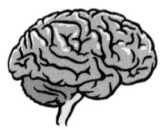

ovum

კვერცხუჯრედი

semen

სპერმა

pregnancy

ორსულობა

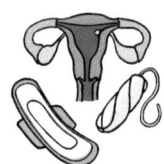

menstruation

მენსტრუაცია

vagina

საშო

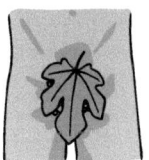

penis

პენისი

eyebrow

წარბი

hair

თმა

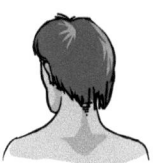

neck

კისერი

hospital

საავადმყოფო

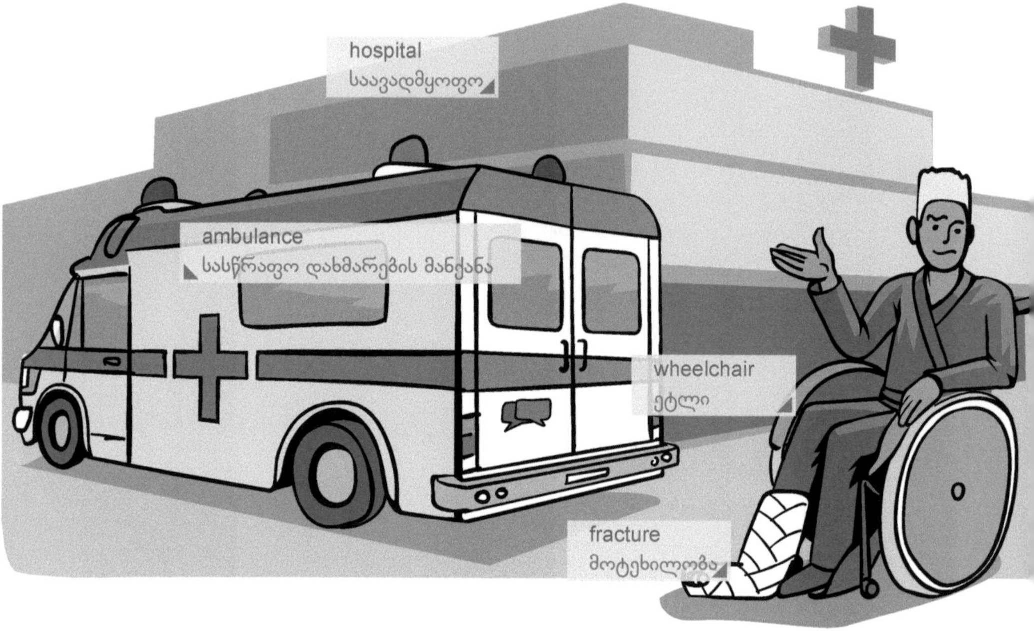

hospital
საავადმყოფო
ambulance
სასწრაფო დახმარების მანქანა
wheelchair
ეტლი
fracture
მოტეხილობა

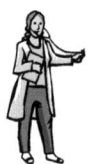

doctor

ექიმი

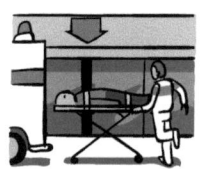

emergency room

პირველი დახმარების ოთახი

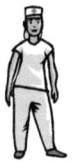

nurse

მედდა

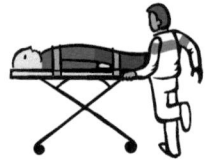

emergency

გადაუდებელი შემთხვევა

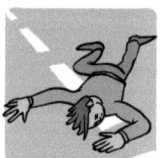

unconscious

უგონოდ მყოფი

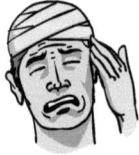

pain

ტკივილი

injury

დაზიანება

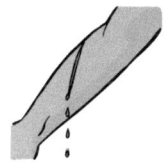

bleeding

სისხლდენა

heart attack

გულის შეტევა

stroke

ინსულტი

allergy

ალერგია

cough

ხველა

fever

ცხელება

flu

გრიპი

diarrhoea

დიარეა

headache

თავის ტკივილი

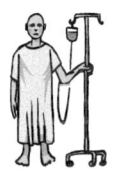

cancer

კიბო

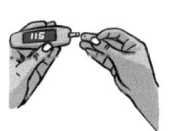

diabetes

დიაბეტი

surgeon

ქირურგი

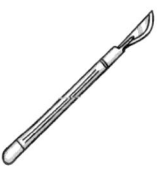

scalpel

სკალპელი

operation

ოპერაცია

CT

კტ

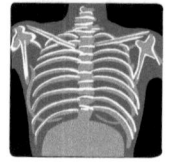

x-ray

რენტგენი

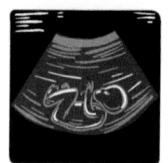

ultrasound

ულტრაბგერა

face mask

ნიღაბი

disease

დაავადება

waiting room

მოსაცდელი ოთახი

crutch

ყავარჯენი

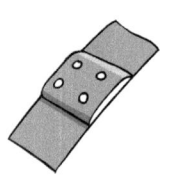

plaster

თაბაშირი

bandage

ბინტი

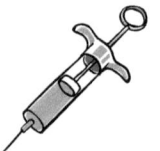

injection

ინექცია

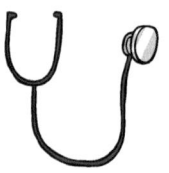

stethoscope

სტეტოსკოპი

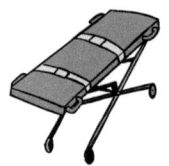

stretcher

საკაცე

clinical thermometer

თერმომეტრი

birth

დაბადება

overweight

ჭარბი წონა

hearing aid

სმენის აპარატი

disinfectant

სადეზინფექციო საშუალება

infection

ინფექცია

virus

ვირუსი

HIV / AIDS

აივ / შიდსი

medicine

წამალი

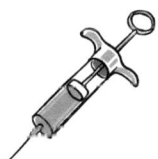

vaccination

ვაქცინაცია

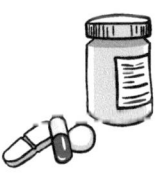

tablets

ტაბლეტები

pill

აბი

emergency call

გადაუდებელი გამოძახება

blood pressure monitor

წნევის საზომი აპარატი

ill / healthy

ავადმყოფი / ჯანმრთელი

emergency
გადაუდებელი შემთხვევა

Help!

დამეხმარეთ!

alarm

განგაში

assault

თავდასხმა

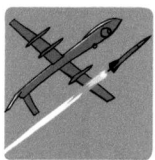

attack

შეტევა

danger

საფრთხე

emergency exit

სათადარიგო გასასვლელი

Fire!

ხანძარი!

fire extinguisher

ცეცხლსაქრობი

accident

უბედური შემთხვევა

first-aid kit

პირველადი დახმარების აფთიაქი

SOS

SOS

police

პოლიცია

Earth

დედამიწა

Europe
ევროპა

North America
ჩრდილოეთ ამერიკა

South America
სამხრეთ ამერიკა

Africa
აფრიკა

Asia
აზია

Australia
ავსტრალია

Atlantic
ატლანტიკა

Pacific
წყნარი ოკეანე

Indian Ocean
ინდოეთის ოკეანე

Antarctic Ocean
ანტარქტიკის ოკეანე

Arctic Ocean
ჩრდილოეთის ყინულოვანი ოკეანე

North Pole
ჩრდილოეთ პოლუსი

South Pole

სამხრეთ პოლუსი

Antarctica

ანტარქტიდა

Earth

დედამიწა

land

ხმელეთი

sea

ზღვა

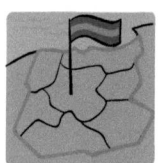

island

კუნძული

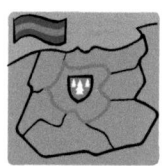

nation

ერი

state

სახელმწიფო

clock face

ციფერბლატი

hour hand

საათების ისარი

minute hand

წუთების ისარი

second hand

წამების ისარი

What time is it?

რომელი საათია?

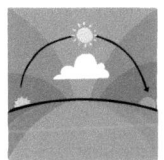

day

დღე

time

დრო

now

ახლა

digital watch

ციფრული საათი

minute

წუთი

hour

საათი

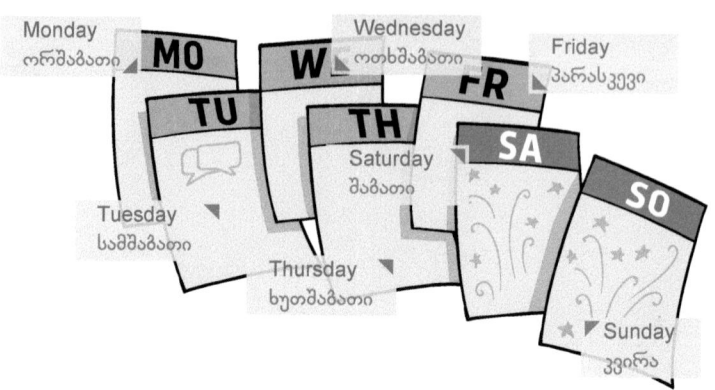

week

კვირა

Monday
ორშაბათი
MO
Tuesday
სამშაბათი
TU
Wednesday
ოთხშაბათი
TH
Thursday
ხუთშაბათი
Friday
პარასკევი
Saturday
შაბათი
SA
Sunday

TUE
MON

yesterday

გუშინ

TUE

today

დღეს

TUE

tomorrow

ხვალ

morning

დილა

noon

შუადღე

evening

საღამო

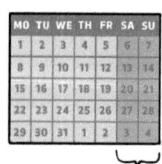

business days

სამუშაო დღეები

weekend

შაბათი-კვირა

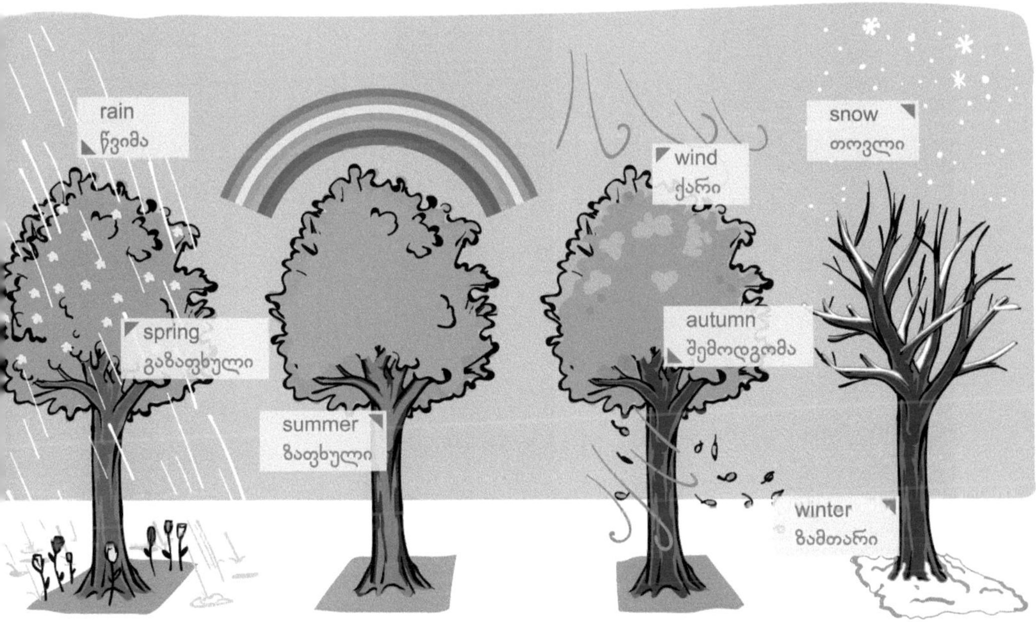

rain
წვიმა
spring
გაზაფხული
summer
ზაფხული
wind
ქარი
autumn
შემოდგომა
snow
თოვლი
winter
ზამთარი

4.APRIL 11°
5.APRIL 4°
6.APRIL 13°
7.APRIL 8°
8.APRIL 10°

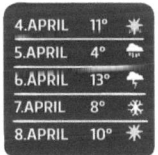

weather forecast

ამინდის პროგნოზი

F
120
90
60
30
0
-30
C
40
30
20
10
0
-10
-20

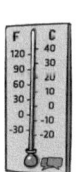

thermometer

თერმომეტრი

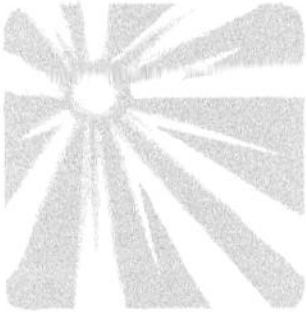

sunshine

მზის სხივი

cloud

ღრუბელი

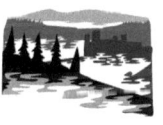

fog

ნისლი

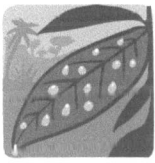

humidity

ტენიანობა

lightning

ელვა

thunder

ქუხილი

storm

შტორმი

hail

სეტყვა

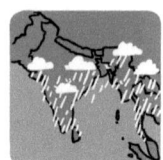

monsoon

მუსონი

flood

წყალდიდობა

ice

ყინული

January

იანვარი

February

თებერვალი

March

მარტი

April

აპრილი

May

მაისი

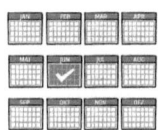

June

ივნისი

July

ივლისი

August

აგვისტო

September
....
სექტემბერი

October
....
ოქტომბერი

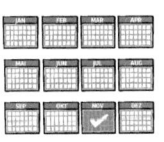

November
....
ნოემბერი

December
....
დეკემბერი

shapes
ფორმები

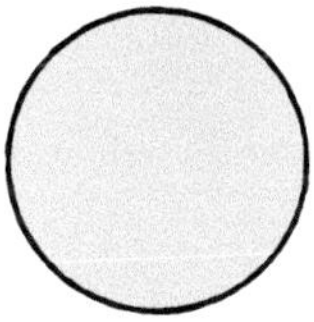

circle
....
წრე

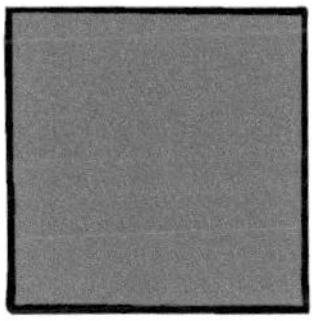

square
....
კვადრატი

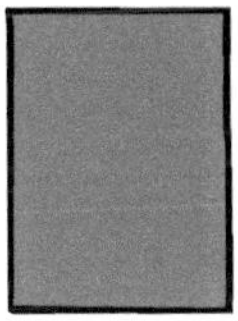

rectangle
....
მართკუთხედი

triangle
....
სამკუთხედი

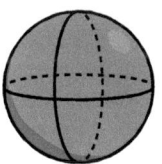

sphere
....
სფერო

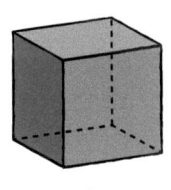

cube
....
კუბი

colours

ფერები

white

თეთრი

yellow

ყვითელი

orange

ნარინჯისფერი

pink

ვარდისფერი

red

წითელი

purple

იისფერი

blue

ცისფერი

green

მწვანე

brown

ყავისფერი

grey

ნაცრისფერი

black

შავი

a lot / a little

ბევრი / ცოტა

angry / calm

გაბრაზებული / მშვიდი

beautiful / ugly

ლამაზი / მახინჯი

beginning / end

დასაწყისი / დასასრული

big / small

დიდი / პატარა

bright / dark

სასაყლო / მუქი

brother / sister

ძმა / და

clean / dirty

სუფთა / ჭუჭყიანი

complete / incomplete

სრული / არასრული

day / night

დღე / ღამე

dead / alive

მკვდარი / ცოცხალი

wide / narrow

განიერი / ვიწრო

edible / inedible

საჭმელად ვარგისი / საჭმელად უვარგისი

evil / kind

ბოროტი / კეთილი

excited / bored

შთამბეჭდავი / მოსაწყენი

fat / thin

სქელი / თხელი

first / last

პირველი / ბოლო

friend / enemy

მეგობარი / მტერი

full / empty

სრული / ცარიელი

hard / soft

მყარი / რბილი

heavy / light

მძიმე / მსუბუქი

hunger / thirst

მოშიებული / მწყურვალე

ill / healthy

ავადმყოფი / ჯანმრთელი

illegal / legal

არალეგალური / ლეგალური

intelligent / stupid

ინტელექტუალი / სულელი

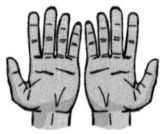

left / right

მარცხენა / მარჯვენა

near / far

ახლოს / შორს

86 opposites - საპირისპიროები

new / used

ახალი / გამოყენებული

nothing / something

არაფერი / რაღაცა

old / young

მოხუცი / ახალგაზრდა

on / off

ჩართვა / გამორთვა

open / closed

ღია / დახურული

quiet / loud

ჩუმი / ხმამაღალი

rich / poor

მდიდარი / ღარიბი

right / wrong

მართალი / მტყვანი

rough / smooth

უხეში / გლუვი

sad / happy

სევდიანი / ბედნიერი

short / long

მოკლე / გრძელი

slow / fast

ნელი / სწრაფი

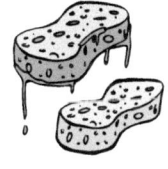

wet / dry

სველი / მშრალი

warm / cool

თბილი / გრილი

war / peace

ომი / მშვიდობა

numbers
რიცხვები

0

zero

ნული

1

one

ერთი

2

two

ორი

3

three

სამი

4

four

ოთხი

5

five

ხუთი

6

six

ექვსი

7

seven

შვიდი

8

eight

რვა

9

nine

ცხრა

10

ten

ათი

11

eleven

თერთმეტი

12

twelve

თორმეტი

13

thirteen

ცამეტი

14

fourteen

თოთხმეტი

15

fifteen

თხუთმეტი

16

sixteen

თექვსმეტი

17

seventeen

ჩვიდმეტი

18

eighteen

თვრამეტი

19

nineteen

ცხრამეტი

20

twenty

ოცი

100

hundred

ასი

1.000

thousand

ათასი

1.000.000

million

მილიონი

languages
ენები

English

ინგლისური

American English

ამერიკული ინგლისური

Chinese Mandarin

ჩინური მანდარინი

Hindi

ჰინდი

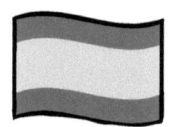

Spanish

ესპანური

French

ფრანგული

Arabic

არაბული

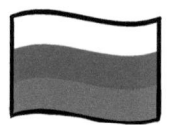

Russian

რუსული

Portuguese

პორტუგალიური

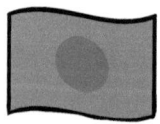

Bengali

ბენგალური

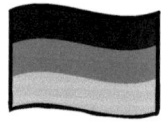

German

გერმანული

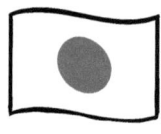

Japanese

იაპონური

who / what / how
ვინ / რა / როგორ

I

მე

you

შენ

he / she / it

ის / ის / იგი

we

ჩვენ

you

თქვენ

they

ისინი

who?

ვინ?

what?

რა?

how?

როგორ?

where?

სად?

when?

როდის?

name

სახელი

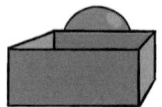

where
სად

behind

უკან

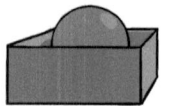

in

შიგნით

in front of

წინ

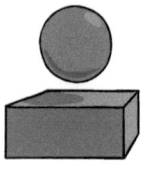

over

ზედ

on

=-ზე

under

ქვეშ

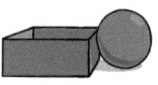

beside

გვერდით

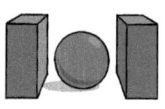

between

შორის

place

ადგილი